een avontuur van

Asterix

DE GALLIËR

TEKST
R. GOSCINNY

TEKENINGEN
A. UDERZO

Uitgever

DARGAUD  **BENELUX**

Paul Henri Spaaklaan 17 - 1060 Brussel (België)

ASTERIX IN ANDERE LANDEN

Australia	Hodder Dargaud, Rydalmere Business Park; 10/16 South street, Rydalmere, N.S.W.2116, Australia
Austria	Delta Verlag GmbH, Postfach 10 12 45, 70011 Stuttgart 10, Germany
Belgium	Dargaud Benelux, Av. Paul Henri Spaak, 17 - 1070 Brussels, Belgium.
	(Distribution : Standaard Uitgeverij - Belgiëlei 147A-2018 Antwerpen, Belgium).
Belarus	Egmont Belarus, Mogilevskaya 43, 220007 Minsk, Belarus.
Brazil	Record Distribuidora, Rua Argentina 171,20921 Rio de Janeiro, Brazil.
Bulgaria	Egmont Bulgaria Ltd, Ul. Sweta Gora 7, 1421 Sofia, Bulgaria.
Canada	Presse Import Leo Brunelle Inc.,5757 Rue Cypihot, St. St.Laurent,Montréal Québec H4S 1X4, Canada.
Corsica	Dargaud Editeur, 6 rue Gager Gabillot, 75015 Paris, France.
Croatia	Izvori Publishing House, Trnjanska 47, 4100 Zagreb, Croatia.
Republic of Korea	Editions Cosmos, 19-16 Shin An-dong, Jin Ju, Gyung Nam-do, Republic of Korea.
Denmark	Serieforlaget A/S (Groupe Egmont), Vognmagergade 11,1148 Copenhague K, Denmark.
England	Hodder Dargaud, 338, Euston Road, London NW 1 3BII, England.
Esperanto	Delta Verlag GmbH, Postfach 10 12 45,70011 Stuttgart 10, Germany.
Estonia	Egmont Estonia Ltd., Hobujaama 1, EE 0001 Tallinn ,Estonia.
Finland	Sanoma Corporation, POB 107, 00381 Helsinki, Finland.
France	Dargaud Editeur, 6 Rue Gager Gabillot, 75015 Paris, France.
	(titels up to and including Asterix in Belgium)
	Les Editions Albert René, 26 Avenue Victor Hugo, 75116 Paris, France
	(titels from Asterix and the Great Divide, onwards).
Germany	Delta Verlag GmbH, Postfach 10 12 45, 70011 Stuttgart 10, Germany
Greece	Mamouth Comix Ltd., Ippokratous 44,106080, Athens, Greece.
Holland	Dargaud Benelux, Paul Henri Spaaklaan, 17 - 1070 Brussel, Belgium
	(Distribution : Betapress B.V., Burg. Krollaan, 14, 5126 PT Gilze, Holland.)
Hong Kong	(English) Hodder Dargaud, c/o Publishers Associates Ltd., 11th Floor, Taikoo Trading Estate,
	28 Tong Cheong Street,
	(Mandarin & Cantonese) Gast, Fairyland Garden 6A, Broadcast Drive 8, Kowloon Tong, Hong Kong.
	Quarry Bay, Hong Kong.
Hungary	Egmont Hungary Kft., Karolina utca 65, 1113 Budapest, Hungary.
India	(Bengali) Ananda Publishers, 45 Beniatola Lane, Calcutta 700 009, India.
Indonasia	PT. Pustaka Sinar Harapan, Jl. Dewi Sartika 136D, Cawang, Jakarta 13630, Indonasia.
Israel	Dahlia Pelled Publishers Ltd., Pinsker 64, Tel Aviv 61116, Israel.
Italy	Mondadori, Via A. Mondadori 15, 37131 Verone, Italy.
Latin America	Grijalbo-Dargaud, Aragon 385, 08013 Barcelone, Spain.
Latvia	Egmont Latvia Ltd., Balasta Dambis 3, Room 1812, 226081 Riga, Latvia.
Lithuania	Egmont Lithuania, Juozapavicius 9 A, Room 910/911, Vilnius, Lithuania.
Luxemburg	Imprimerie St.Paul, rue Christophe Plantin, 2, Luxemburg.
New Zealand	Hodder Dargaud, PO Box 3858, Auckland 1, New Zealand.
Norway	A/S Hjemmet-Serieforlaget, PB 6853 St. Olavs Pl. 0130 Oslo, Norway.
Poland	Egmont Polska Ltd., Plac Marszalka J. Pilsudskiego 9, 00-078 Varsovie, Poland.
Portugal	Meriberica-Liber, Av. Alvares Cabral 84 R/C-D, 1200 Lisbonne, Portugal.
Romain Empire	(Latin) Delta Verlag GmbH, Postfach 10 12 45, 70011 Stuttgart 10, Germany.
Romania	Egmont Romania S.R.L., Calea Grivitei 160, Ap. 47; Cod 78214, Sector 1, Bucharest, Romania.
Russia	Egmont Russia Ltd., 1st Smolenski per 121099, Mouscou, Russia.
Slovakian Republic	Egmont Neografia, Nevädzova 8, Box 20, 827 99 Bratislava 27, Slovakian Republic.
Slovenia	Didakta, Radovljica Kranjska Cesta 13, 64240 Radovljica, Slovenia.
South Africa	(English) Hodder Dargaud, c/o Struik Book Distributors (Pty) Ltd., Graph Avenue, Montague Gardens
	7441, South Africa.
	(Afikaans) Human & Rousseau (Pty) Ltd., State House 3-9, Rose Street, Cape Town 8000, South Africa.
Spain	Grijalbo-Dargaud, Aragon 385, 08013 Barcelone, Spain.
Sweden	Serieförlaget Svenska AB (Groupe Egmont) 212 05, Malmö, Sweden.
Switzerland	Dargaud Suisse SA, En Budron B, 1052 Le Mont sur Lausanne, Switzerland.
Czech Republic	Egmont CR, Hellichova 45, 118 00 Prague 1, Republique Tchèque.
Turkey	Remzi Kitabevi, Selvili Mescit S. 3, Cagaloglu-Istambul, Turkey.
USA	Presse-Import Leo Brunelle Inc, 371 Deslauriers, St. Laurent, Montréal, Québec H4N 1W2, Canada

HET
GALLISCHE DORP

PETIBONVM

LAVDANVM

AQVARIVM

BABAORVM

ARMORICA

BELGICA

LUTETIA (PARIJS)

SPQR

GALLIA
(ROMEINS GEBIED)
50 v. Chr.

PROVINCIA

AQVITAINIA

Zo'n 2000 jaar geleden was heel Gallië (zo heette Frankrijk
toen) bezet door soldaten van Caesar, de Romeinse veldheer.
Héél Gallië? Nee, een kleine nederzetting bleef moedig weerstand bieden aan de overweldigers en maakte het leven van
de Romeinen in de omringende legerplaatsen bepaald niet
gemakkelijk ...

EVEN VOORSTELLEN…?

Asterix, de held van dit verhaal; klein, slim, scherpzinnig en sterk. Voor hem is geen opdracht te zwaar, geen tegenstander te machtig. Aan de toverdrank van Panoramix, de druïde, dankt hij zijn enorme kracht.

Obelix, de onafscheidelijke metgezel van Asterix en bekendste steenhouwer van zijn eeuw. Hij is altijd onmiddellijk bereid om zich met Asterix in een nieuw avontuur te storten. Als hij maar everzwijn te eten krijgt…

Panoramix, de oude, eerbiedwaardige druïde van het dorp. Met zijn gouden snoeimes snijdt hij maretak en daarmee bereidt hij de toverdrank die onoverwinnelijk maakt. Maar hij kent nog vele andere recepten…

Assurancetourix is de bard ofwel de dorpszanger. De meningen over hem zijn verdeeld. Hijzelf vindt dat hij geniaal is, de rest van het dorp vindt dat niet. Als hij zijn mond houdt, wordt hij zeer gewaardeerd.

Abraracourcix is de belangrijkste figuur van het hele dorp. Hij is het stamhoofd. Een koelbloedige en stoutmoedige, statige en baardige leider, geliefd door zijn mannen, gevreesd door zijn vijanden, en zelf is hij voor niemand bang.

2014 JAAR GELEDEN WERDEN DE GALLIËRS NA EEN LANGE STRIJD DOOR DE ROMEINEN VERSLAGEN...

AANVOERDERS ALS VER-CINGETORIX MOESTEN HUN WAPENS AAN DE VOETEN VAN CAESAR LEGGEN...

WAUW!!!

KLANG!

ER HEERSTE VREDE. OPSTANDJES VAN GERMANEN WERDEN SNEL ONDERDRUKT...

MAAR PAZZOP, WE KOMEN TERUCH!!

GOET, GOET... WE CHAAN AL.

HEEL GALLIE IS BEZET...

GALLIA BELGICA

ARMORICA

S.P.Q.R.

GAILIA

AQUITANIA PROVINCIA

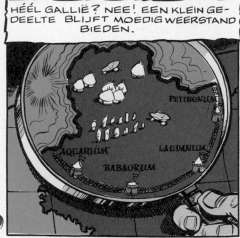

HÉÉL GALLIË? NEE! EEN KLEIN GE-DEELTE BLIJFT MOEDIG WEERSTAND BIEDEN.

PETIBONUM

AQUARIUM

LAUDANUM

BABAORUM

ALLE POGINGEN OM DEZE DAPPEREN TE ONDERDRUK-KEN, ZIJN TEVERGEEFS EN CAESAR VRAAGT ZICH AF:

QUID? (DIT IS LATIJN)

CELTANIQU

AQUITANUM

EN HIER MAKEN WE KENNIS MET ONZE HELD, DE KOENE STRIJDER ASTERIX, DIE OP JACHT GAAT!

BLIJF JE LANG WEG, ASTERIX?

VOOR HET ETEN BEN IK TERUG, OBELIX.

DAAR IS-IE!

WE ZULLEN 'M!

IPSO FACTO! DAT ZULLEN WE!

SIC! JUIST!

OEI!

BOINGG!

BOEM!

AÜ!

KIJK NOU 'NS: DE ROMEINEN VERSTAAN HUN EIGEN LATIJN NIET MEER...

VAE VICTIS.... ARME WIJ, DIE OVERWONNEN ZIJN!

WAT ZEGT-IE?

IN PETITBONUM, EEN ROMEINS KAMP, IN DE TENT VAN CAIUS BONUS...

AVE, GEGROET CAIUS BONUS; DE PATROUILLE IS TERUG.

AVE, JULIUS POMPILIUS, IK ZAL ZE BEGROETEN.

AVE....

?!?!?!??

WAT IS ER GEBEURD? ZIJN JULLIE OVERVALLEN DOOR EEN OVERWELDIGENDE MEERDERHEID?

NOU, MEERDERHEID...

DAT NU NIET DIRECT...

HET WAREN... HET WAS ER ÉÉN.

EN NIET GROTER DAN ZÓ!

BIJ JUPITER! ER IS IETS GEHEIMZINNIGS MET DIE KRACHT VAN DE GALLIËRS!

INTUSSEN...

HEE, BEN JE DAAR WEER? NOG IETS BIJZONDERS?

NEE....

OH JA, IK HEB VIER ROMEINEN EEN AFSTRAFFING GEGEVEN...

MOOI ZO!

KOM JE EVERZWIJN BIJ ME ETEN?

LEKKER, IK KOM ER AAN! EVEN NOG TWEE STEENTJES WEGBRENGEN...

KOM ERIN, OBELIX, HET ETEN IS KLAAR.

HAM-JAM-JAMMMMMMM...

DE ROMEINEN ZULLEN WEL BOOS ZIJN, DENK JE NIET?

BAH!

ACH, ZOLANG ONZE DRUÏDE ZIJN TOVERDRANK BLIJFT MAKEN, KAN ONS NIETS GEBEUREN.

WE KUNNEN TROUWENS WEL EENS BIJ HEM LANGS GAAN...

IK DENK DAT HIJ ERGENS TUSSEN DE BLADEREN MARE- TAK AAN 'T SNIJDEN IS MET Z'N GOUDEN SNOEIMES.

KRAK! KRAK!

PANORAMIX, OH, DRUÏDE!

LÁÁT ME DÀN OOK NIET BENEDEN KO- MEN: SNIJ IK ME WEER!!!

OH, NEEMT U ME NIET KWALIJK...

...MAAR HET IS VANDAAG WEER TIJD VOOR MIJN DRANKJE...

GOED, GOED!

KOM DAN MAAR MEE!

DIT IS DE DRANK, DIE ONOVERWINNELIJK MAAKT DE DRANK, DIE VOOR 'N KORTE TIJD, DE KRACHT DOET GROEIEN.

HOE MAAKT U DIE DRANK, OH, DRUÏDE?

DE HERKOMST VAN DEZE DRANK LIGT IN EEN VER EN VAAG VERLEDEN... HET RECEPT WORDT VAN DRUÏDE OP DRUÏDE OVERGELEVERD...

....HET ENIGE DAT IK JE KAN VERTELLEN IS, DAT ER MARETAK EN ZEEKREEFT IN GAAT.

DE KREEFT IS EIGENLIJK NIET NODIG, MAAR DIE GEEFT WAT SMAAK AAN HET DRANKJE.

MAG IK OOK EEN SLOK?

NEE, OBELIX, NEE! EN DAT WEET JIJ OOK BEST!

ALS KIND BEN JE IN DEZE KETEL GEVALLEN EN JE HEBT TOEN VOOR JE HELE LEVEN GENOEG TOVERDRANK GEHAD.

KLOK! KLOK! KLOK!

DANK U WEL, OH, DRUÏDE.

BIJ BELENOS, TÓCH VIND IK HET NIET EERLIJK...

HÉHÉHÉHÉ! KALM AAN!

IK HEB JE AL ZÓ VAAK GEZEGD ME GÉÉN HAND TE GEVEN ALS JE NET TOVERDRANK OP HEBT!

DAT IS WAAR. IK KEN MIJN EIGEN KRACHT NIET....

DE GALLIËRS, DIE WE NU AL JA-
REN BELEGEREN, NEMEN EEN LOOD-
JE MET ONS. DE UITDAGING VAN VANMOR-
GEN GAAT ALLE PERKEN TE BUITEN: VIER
TEGEN ÉÉN EN ZELFS DAT VERLIEZEN
WE NOG! ZIJ MAKEN ONS BE-
LACHELIJK!

WIJ MOETEN ONTDEKKEN OP WEL-
KE MANIER DE GALLIËRS AAN HUN
GEHEIMZINNIGE KRACHT KOMEN.

JE HEBT GELIJK, MARCUS
SACAPUS! CAESAR HEEFT
ZIJN MISNOEGEN AL UITGE-
SPROKEN OVER DE GANG
VAN ZAKEN HIER. WE ZUL-
LEN EEN SPION STUREN
WIE STELT ZICH BE-
SCHIKBAAR?

?!

IK HAD NIET VERWACHT DAT ER
ZOVEEL VRIJWILLIGERS ZOU-
DEN ZIJN! OPSTELLEN VOOR
DE STOELENDANS!

BIJ DIT OUDE ROMEINSE SPEL
IS ER ÉÉN STOEL MINDER DAN
ER MEDESPELENDEN ZIJN...

...EN WANNEER DE MUZIEK
STOPT...

...GAAT IEDEREEN
ZITTEN, DEGENE DIE
OVERBLIJFT, HEEFT
VERLOREN...

CALIGULA MINUS
IS DE SIGAAR!

10

CALIGULA MINUS IS KLAAR, OH, CAIUS BONUS. WIJ HEBBEN HEM VERMOMD ALS GALLIËR.

WE ZULLEN 'NS KIJKEN...

?!!

HA!HA! HO! HO! HO! GOOI HEM IN DE BOEIEN, HOE! HOE!

QUO VADO? WAAR GA IK NAAR TOE?

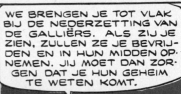

WE BRENGEN JE TOT VLAK BIJ DE NEDERZETTING VAN DE GALLIËRS. ALS ZIJ JE ZIEN, ZULLEN ZE JE BEVRIJDEN EN IN HUN MIDDEN OPNEMEN. JIJ MOET DAN ZORGEN DAT JE HUN GEHEIM TE WETEN KOMT.

WAT VIND JE VAN MIJN PLAN?

IK VIND NIETS; IK SNAP ER NIETS VAN...

NEEM HEM MEE!

HÉHÉHÉ! KALM AAN, IK BEN GEEN GEVANGENE!! IK BEN EEN ROMEINS STAATSBURGER!

EVEN LATER...

MOETEN WE NOG VER ZO LOPEN?

CALIGULA MINUS, HOU JE MOND!

NIET VER DAARVANDAAN...

IK ZOU BEST EEN PARTIJTJE WILLEN KNOKKEN!

VERGEET HET MAAR! DE ROMEINEN ZIJN VOORZICHTIG GEWORDEN...ZE ZIJN BANG...

WACHT 'NS...

WAT?

SST!

MAAR...

IK HOOR GERINKEL VAN KETTINGEN, IK HOOR VOETSTAP-PEN EN GEJAM-MER...

!

VERBERG JE IN DEZE BOOM... WIJ ZULLEN DADELIJK EEN GOE-DE SPIEROEFENING KRIJGEN!

IK HAD NOOIT DIENST MOETEN NEMEN BIJ DE LE-GIOENEN VAN CAESAR. MIJN HUID IS NOG GEEN DUBBELTJE WAARD EN IK ZAL NOOIT MEER TAPIOCA*) ETEN, DIE MIJN MOEDER ALTIJD ZO LEKKER KLAARMAAKTE.

SPAGHETTI WERD PAS VEEL LATER INGEVOERD UIT CHINA DOOR MARCO POLO.

STIL TOCH, CALIGULA MINUS! JIJ BENT STRAKS DE ENIGE OVERLEVENDE WANNEER HORDEN GALLIËRS ONS OVERVALLEN.

INDERDAAD...DAAR ZIJN DE "HORDEN"!..

KIJK 'NS, RO-MEINEN MET EEN GEVANGENE! EEN GALLIËR.

WIJ GAAN HEM BEVRIJ-DEN!

HET HELDHAFTIGE DETACHEMENT ON-
DER LEIDING VAN MARCUS SACAPUS
KEERT TERUG IN PETITBONUM...

TSSS!
FRMBLHAH!
BRURLZR!

DE GALLIERS KWA-
MEN, ZAGEN EN HEB
BEN CALIGULA
MINUS MEEGE-
NOMEN.

PRACHTIGE
OVERWIN-
NING VOOR
ONS!

LATEN WE HOPEN
DAT HIJ HEELHUIDS
TERUGKOMT OM ONS
TE VERTELLEN WAT HIJ
TE WETEN IS GEKO-
MEN.

IK HOOP HET
OOK VOOR HEM!
ANDERS ZIJN
ER NOG MEER
LEGIONAIRS
...

JA, NOG
VEEL
MEER...

WIJ?

INTUSSEN...

WIJ ZIJN NU
VLAKBIJ ONS
DORP, DAAR
BEN JE VEILIG.
ER ZIJN ALLEEN
MAAR GAL-
LIERS.

FIJN!

ASTERIX EN OBELIX
KOMEN ER AAN!

ZE HEB-
BEN IETS BIJ
ZICH...

BIJ BELENOS,
DAT IS WEL IETS
HEEL VREEMDS!

KOM MAAR MEE, DAN
ZULLEN WE JE VOORSTEL-
LEN AAN ONZE LEIDER
ABRARACOURCIX.

**MAAR IEDEREEN
IS GEWAPEND!**

JA, WIJ MOETEN AL-
TIJD KLAAR STAAN OM
EEN AANVAL VAN DE
ROMEINEN AF TE
SLAAN

DAT IS VERSTANDIG!

ONZE AANVOERDER ABRARACOURCIX IS DAAR, MET PANORAMIX, DE DRUÏDE ZE WETEN AL DAT JE KOMT.

WEES WELKOM, BROEDER. DOE OF JE THUIS BENT.

AV... UH .. GOEIE-DAG !

IK ZAL EEN WEL-KOMSTLIED LATEN WEERKLINKEN.

GA EENS IN DE EIK KIJKEN OF IK ER BEN ?!

WANDEL MAAR WAT ROND TOT ETENS-TIJD, MAAR GA NIET TE VER WEG, WANT DE ROMEINEN LOE-REN OP JE.

GOED.

IK VRAAG ME AF MET WAT VOOR WERKTUIGEN ZE HIER METAAL BEWERKEN.

HOEFNIX
ALLE SOORTEN WAPENS

?

KLENG!

MET ZIJN VUISTEN? BIJ JUPITER, MET ZIJN VUISTEN!

KLONG!
KLENG!

GAAT'T OBELIX?

JA HOOR, BEST.

???

?

ZE ZIJN INDERDAAD ONT-ZETTEND STERK... IK VRAAG ME AF OF CAIUS BONUS TOCH GEEN GELIJK HEEFT.. HIER **MOET** IETS GEHEIM-ZINNIGS ACHTER ZITTEN.

15

JONGENS, KOM MEE ALLEMAAL! PANORAMIX GAAT ZIJN DRANK MAKEN!

ÉÉN KOM VAN DE-ZE DRANK EN JE BENT STERK GENOEG OM AL-LEEN TERUG TE KEREN NAAR LUTETIA....

...MAAR DAN VERDWIJNT JE KRACHT OOK WEER SNEL...

DAT KAN ME NIET SCHE-LEN, MAAR IK WOU DAT IK DE HELE KETEL KON MEE NE-MEN.

HIER IS JE DRANKJE...

MOET IK DÁT OPDRIN-KEN?!?

GLOU! GLOU! GLOU! GLOU! GLOU!

HET LIJKT WEL GROEN-TESOEP....

JA, IK MAAK VERSCHILLEN-DE SMAKEN. 'T IS : VISSOEP, OMELET MET KAAS, EEND MET MANDARIJN-TJES EN NO-TEN....

IK VOEL NOG NIETS...

PRO-BEER DIE STEEN 'NS OP TE TIL-LEN.

DIE? DAT KAN IK NOOIT...

HA! HA! HA! HA! HA!

?!?

HA! HA! HA! HA! HA! HA!

HOE IS HET MOGELIJK...

BAFF!

VAN DEZE DRANK WORD JE ONOVER-WINNELIJK, MAAR NIET ONKWETSBAAR ...DAAR IS WEER EEN AN-DER DRANK-JE VOOR.

LAAT HET FEEST BEGIN-NEN!

HE, ASSURANCE-TOURIX, WE WACH-TEN OP JE!

KOM OP JONGENS'!

WAT GAAT ER GEBEUREN?

WE GAAN DANSEN.

BEGIN MAAR. ÉÉN STAP NAAR RECHTS, ÉÉN STAP NAAR LINKS...

ÉÉN RIJ NAAR VOREN, DE ANDERE NAAR ACHTEREN!

GROET ELKAAR, GEEF ELKAAR DE HAND...

TREK EL-KAAR AAN DE SNOR...

TREK ELKAAR AAN DE SNOR!?!

?

19

WAT IS DAT?!!

EH...DAT IS EEN AFNEEMBARE SNOR... HET LAATSTE SNUFJE IN LUTETIA...

DAAR GELOOF IK NIETS VAN! JIJ BENT GEEN GALLIËR, JIJ BENT EEN ROMEINSE SPION!

GRIJP HEM!

?!

HET HEEFT GEEN ZIN HEM ACHTERNA TE RENNEN; HIJ HEEFT NET DE TOVER-DRANK GEDRONKEN.

WOK!

DANK ZIJ UW DRANK IS 'T HEM GELUKT TE ONTSNAPPEN!

BIJ MIJN GOUDEN SNOEI-MES! JIJ WILDE TOCH DAT IK DE DRANK AAN DIE SPION GAF?

NOU JA, 'T GEEFT OOK NIKS... DE TOVERDRANK IS ZO WEER UITGEWERKT

INTUSSEN RENT CALIGU LA MINUS IN DE RICHTING VAN'T ROMEINSE KAMP...

HALT! QUO VADIS, GALLIËR? WAAR GAAT GIJ HEEN?

B-O-ING!

20

WE ZULLEN DIE DRUÏDE MARTELEN; DAN PRAAT-IE WEL!

NOU, HOOR IK NOG WAT?

NOU, VOEL IK NOG WAT?

NA EEN HELE TIJD...

NOU JA... ER IS GEEN LOL AAN OP DEZE MANIER! AL UUUREN ZIJN WE BEZIG EN JE GEEFT GEEN KIK!

NEE! MAAR DE TIJD SCHIET LEKKER OP, ZO.

DRUÏDE, ALS JE SPREEKT, MAAK IK EEN RIJK EN MACHTIG MAN VAN JE.

NEE!

JE KRIJGT GELD! MASSA'S GELD!!!

NEE!

DUURT 'T NOG LANG? IK HEB WEL IETS ANDERS TE DOEN!

ZIJN TOVERKRACHT KAN IK NIET DE BAAS... BOVENDIEN IS HIJ KOPPIG ....

INTUSSEN...

WAT IS ER, ASTERIX? WAT BEN JE ONRUSTIG...

DE DRUÏDE GING MARETAK PLUKKEN IN 'T WOUD EN HIJ IS NOG NIET TERUG ....

IK GA HEM ZOEKEN!

MAAR VOORZICHTIG HÈ? JE HEBT DE TOVERDRANK NIET GEHAD...

POEH! IK VERTROUW OP MIJN SLUWHEID EN NIET OP MIJN KRACHT.

DAAR IS PETITBONUM AL.

MAAR...WAAROM VERSTOP JIJ JE?

UH...IK WIL MIJN ROMEINSE VRIENDEN EEN POETS BAKKEN.

HI! HI! HI! DIE IS GOED...IK BEN GEK OP GRAPJES!

HI! HI! HI!

HOE IS HET MOGELIJK! BIJ TOUTATIS, WAT EEN SUFFERD!

HALT!

WAT HEB JE OP JE WAGEN, KOOPMAN?

NIETS! HI! HI!

BIJ JUPITER! NEEM JE ME IN DE MALING?!

HA! HA! HA!

DIE STOMMERD BEDERFT ALLES...

WAT IS ER AAN DE HAND, GRACCHUS SEXTILIUS?

DIE KOOPMAN HOUDT MIJ VOOR DE GEK, CLAUDIUS QUINTILIUS.

HI! HI! HI!

LAAT HEM MAAR DOOR. HIJ IS NIET GEVAARLIJK, IK KEN HEM.

OEF!

WE ZIJN IN HET KAMP. GA JE NU DIE MOP UITHALEN?

NEE, VANNACHT PAS, DAT IS VEEL LEUKER.

HAHA!

WELTE-RUSTEN...

EVEN LATER...

EN NU MAAR KIJKEN WAAR DE DRUÏDE ZIT OPGESLOTEN.

DAAR MISSCHIEN?

HOUD JE MOND EN EET, MARCUS SACAPUS, TROUWE MAKKER. WIJ MOE-TEN 'NS PRATEN.

DANK U, CAIUS BONUS.

WIJ MOÉTEN HET RECEPT VAN DE DRUÏDE LOS KRIJGEN. WE ZOU-DEN DAN ONOVER-WINNELIJK ZIJN... EN NAAR ROME KUNNEN GAAN EN DE PLAATS INNEMEN VAN CAESAR

VAN JULIUS CAESAR?

INDERDAAD, VAN JULIUS! DAN GAAN WE MET ONS TWEEËN EEN DRIEMANSCHAP VORMEN

NU HEB IK JE NOG NODIG, MAAR DAAR-NA, BEN IK HET DRIE-MANSCHAP!

IK LAÁT HEM VOOR DE LEEUWEN GOOIEN ALS WE IN ROME ZIJN, DAN BEN IK CAESAR!

DAT IS AL-LEMAAL HEEL INTERESSANT... MAAR NU WEET IK NOG NIET WAAR PANORAMIX IS!

HIJ ZIT VAST IN DE TENT, DIE ZO STRENG BEWAAKT WORDT...

NU DE STOUTE SCHOENEN AAN...

MAG IK EVEN? IK KOM PANORAMIX BEVRIJDEN HIJ IS EEN VRIEND VAN ME.

?!?!?!?

BE-DANKT!

L-L-LAAT HEM NIET ONT-SNAPPEN! DAT IS EEN VAN DIE ONOVERWINNELIJKE GALLIËRS.... IK GA VERSTERKING HALEN!

G-G-GOED... MAAR VLUG DAN, CAIUS VELOX!

EN IN DE TENT...

ASTERIX!

HOE IS 'T?

WAT EEN DWAASHEID, ASTERIX, HET HOL VAN DE ROMEINSE LEEUW TE KOMEN DOOR ZOE-KEN!

ZE KUNNEN TOCH NIETS DOEN TE-GEN MIJN TOVER-MACHT!

PRECIES! WE ZULLEN ZE EEN LESJE GEVEN. IK HEB EEN IDEE.

BAAS! BAAS!

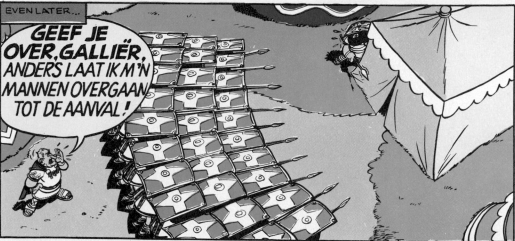

30

JULLIE HEBBEN MIJN FRAMBOZEN OP-GEGETEN EN NU HEBBEN JULLIE GEEN FRAMBOZEN MEER EN WILLEN JULLIE NOG MEER FRAMBOZEN, IK VIND HET GEMEEN! IK BEGIN ER GENOEG VAN TE KRIJGEN!

PAF! PAF! PAF!

KOM, KOM. IK ZAL DE DRANK MAKEN.

NATUURLIJK, NATUURLIJK!

IK MAAK HEM ZONDER FRAM-BOZEN; DAN IS IE NIET ZO LEK-KER, DAT IS OOK ALLES.

JA, NOG IETS, DIE FRAMBO-ZEN GEVEN EEN VREEMDE NASMAAK..

SNIF! SNIF!

KLAAR! ALS 'T GOED IS, MOET IE WARM OPGE-DIEND WOR-DEN.

MOOI!

HE, MAAR WIE ZEGT ME DAT DIT GEEN VERGIF IS, BIJ JUPITER..!?

BIJ TOUTATIS, OM JE GERUST TE STEL-LEN, WIL IK WEL 'N SLOKJE NEMEN.

NIKS ERVAN, ALS DIE DRANK GOED IS, WORD JIJ ONOVERWINNELIJK! IK MOET EEN VRIJWILLIGER HEBBEN.

IK ZEI: IK MOET EEN VRIJWILLIGER HEBBEN!

QUID NOVI? NOG NIEUWS?

SUR-SUM CORDA. VERHEUGT U LA-TEN WE 'NS ZIEN.

OH CAIUS BONUS, IN PLAATS VAN EEN ONZER DAPPERE SOLDATEN ZOUDEN WIJ EEN NIET STRIJDBARE BURGER ALS PROEFKONIJN MOETEN HEBBEN ...

DAAR IS DIE ＊❻✻ KETEL WAARIN DIE ... DRANK IS KLAARGEMAAKT!

BANG!

SLAP! SLAP! SLAP!

DRIE- DUIZEND VIERHONDERD VIJFTIG...

?

WAT ZEG JE?

WE HEBBEN EEN SPELLE- TJE BEDACHT... VOOR ELKE BAARD DIE WE ZIEN KRIJ- GEN WE 15 PUNTEN. WIE DE MEESTE PUNTEN HEEFT, WINT ＊

＊ DIT SPEL WORDT OOK THANS NOG IN SOMMI- GE STREKEN VAN WEST EUROPA GESPEELD...

STEEK DE DRAAK MAAR MET ME, GALLIËR, MAAR IK WIL MET JE ON- DERHANDELEN.

BEN JE ZO VERGEETACHTIG? AAN JE BAARD TE ZIEN...

KEF! KEF! KEF!

IK WIL HET WOORD **HAAR** OF **BAARD** NIET MEER HOREN!!

STAMP! STAMP! STAMP!

NOU JA, IK DACHT ZO... VANWEGE DIE VIER KNOPEN IN JE BAARD...

NEE, GA NIET WEG...

HI! HI!

GOED, LATEN WE HET NU EENS HAARFIJN UITPRATEN...

HA! HA! HO! HO!

ZONDER ELKAAR IN DE HAREN TE VLIEGEN...

HI! HI! OEEE! HOU OP, IK KAN NIET MEER! HI! HI!

POM! POM! POM!

IK GEEF ME GEWONNEN. MAAK EEN DRANK TEGEN DAT HAARGROEIMIDDEL EN JE BENT VRIJ.

IK WEET NIET OF IK HET WEL DOEN ZAL...

HIJ ZIT MET DE HANDEN IN ZIJN HAAR!

...VOOR ZOVER HIJ NOG HAAR HEEFT TENMINSTE!

HI! HI! HI!

KOM, KOM, MAAK JE NIET DIK, IK DOE HET.

MAAR DAN MOET IK WEER SPULLETJES UIT HET WOUD HEBBEN.

IK GEEF JE EEN GELEIDE MEE!

LAAT IK DAN HET GEHEIM VAN DE TOVERDRANK NIET TE WETEN KOMEN; ZODRA IK DIE HAREN KWIJT BEN RUIM IK DIE GALLIËRS OP!

WAAROM HEB JE ZO VLUG ZIJN AANBOD AANGENOMEN? HIJ IS TOCH WOEDEND!

HET HAARGROEIMIDDEL IS GAUW UITGEWERKT...

...MORGEN IS HET AFGELOPEN EN DAN MOETEN WIJ IETS BEDACHT HEBBEN OM HIER WEG TE KOMEN!

WIJ STAAN KLAAR OM U TE BEGELEIDEN NAAR HET WOUD, WAAR U DE SPULLEN VOOR DE NIEUWE DRANK GAAT ZOEKEN.

HÉ, LOOP NIET OP MIJN HAREN!

LAAT ZE DAN OOK NIET OP DE GROND SLINGEREN!

IK HEB EEN IDEE!

AAN GOEDE IDEEÉN HEBBEN WIJ OOK NOOIT GEBREK, HÉ?

NU BENT U AAN DE BEURT ....

EN WIE ZEGT ME DAT DIE SOEP DE HAARGROEI STOPT ?

DAT IS EEN SLUWE VRAAG, ROMEIN, MAAR KIJK NAAR MIJN SNOR! HIJ GROEIT NIET MEER !

BIJ JUPITER, HET IS WAAR ! DRINKEN, MANNEN !

WAT EEN SLOKOP-PEN !

NOU, EN AL DIE HAREN IN DE SOEP... BAH !

KLOK! SLOK SLOK

MMM! DAT SMAAKTE. EN NU...

...GRIJP ZE !!!!!

MET PLEZIER !

HORT-SIK-PAARDJE...♪ ♪ ♪ ♪

LA ME LOS !

HELLUP!

?

45

LA-ME-LOOOOS!

GOED.

BOING!

KOM, ERVANDOOR, VOOR ZE HUN TE- GENWOORDIGHEID VAN GEEST TE- RUG KRIJGEN!

IK BEGON HET NET LEUK TE VINDEN...

!

VADE RETRO! GA TERUG!

TCHOP!

ROMEINEN!

MASSA'S ROMEINEN!

ZE KOMEN OOK VAN DIE KANT ...

...EN DAAR OOK AL...HET HELE KAMP IS OMSINGELD!

DAAR IS DE VERSTERKING, PRECIES OP TIJD!

DAT DOET DE DEUR DICHT!